O LIVRO DAS VIRTUDES

PARA CRIANÇAS

William J. Bennett

O LIVRO DAS VIRTUDES

PARA CRIANÇAS

ILUSTRAÇÕES DE

Michael Hague

VÁRIOS TRADUTORES

2ª EDIÇÃO

EDITORA
NOVA
FRONTEIRA

Título original: *The Children's Book of Virtues*

Publicado mediante acordo com a editora original, Simon & Schuster, Inc.

Editora Nova Fronteira Participações S.A.
Av. Rio Branco, 115 — Salas 1201 a 1205 — Centro — 20040-004
Rio de Janeiro — RJ — Brasil
Tel.: (21) 3882-8200

Dados Internacionais de Catalogação na Publicação (CIP)
(Câmara Brasileira do Livro, SP, Brasil)

Bennett, William
O livro das virtudes para crianças / William Bennett ; organizado por William Bennett ; ilustrado por Michael Hague. -- 2. ed. -- Rio de Janeiro : Nova Fronteira, 2021.
112 p.

Vários tradutores.
Título original: The children's book of virtues
ISBN 978-65-5640-258-1

1. Conduta de vida - Literatura infantojuvenil 2. Literatura infantojuvenil 3. Virtudes - Literatura infantojuvenil I. Hague, Michael. II. Título.

21-63587 CDD-028.5

Índices para catálogo sistemático:
1. Virtudes : Literatura infantil 028.5
2. Virtudes : Literatura infantojuvenil 028.5

Cibele Maria Dias - Bibliotecária - CRB-8/9427

Às minhas maiores bênçãos:
Elayne, John e Joseph.
— W.J.B.

Dedicado à lembrança de uma
longínqua tarde chuvosa
com meus livros ilustrados.
— M.H

Sumário

Introdução

O estímulo para este livro foi um comentário que passei a ouvir com frequência após a publicação de *O Livro das Virtudes*: "Nossa família adora essas histórias, mas que pena que elas não têm gravuras!" Como todos os pais sabem, as chances de uma criança permanecer em seu colo aumentam consideravelmente quando se tem um livro ilustrado à mão — o oposto do que ocorre se o livro for uma antologia de quinhentas páginas. Por isso fiquei muito contente quando os editores concordaram em produzir, especialmente para as crianças, uma edição ilustrada de contos e poemas selecionados a partir de *O Livro das Virtudes*.

Elayne, minha esposa, não teve dúvidas sobre quem deveria criar as ilustrações para acompanhar estas histórias e versos consagrados pelos tempos. Não foram poucas as horas que ela passou lendo histórias dos livros ilustrados por Michael Hague para nossos filhos John e Joe. Quando lhe falei deste projeto, ela foi direto para o telefone localizar seu ilustrador favorito. Por sorte Michael estava disponível e interessou-se pela ideia; o resultado feliz dessa combinação está nas páginas que se seguem.

Como o leitor poderá observar, seus desenhos possuem um brilho vital que evoca nas mentes jovens os valores da nobreza, da gentileza e da bondade. As palavras e as ilustrações unem-se para falar de corações e espíritos onde reside a virtude. Sem dúvida, estas histórias formam com a pena de Michael Hague uma união grandiosa.

Como a antologia original, a presente edição tem por objetivo contribuir com a formação moral dos jovens. A educação moral — a educação do espírito e da mente para o bem — envolve diversos aspectos. Envolve regras e preceitos — o que se deve e o que não se deve fazer no convívio com o outro. Envolve a prática reiterada dos bons hábitos. E envolve ainda o exemplo dos adultos, que através das atitudes que adotam no cotidiano, demonstram às crianças o apreço que têm pela retidão.

Além de preceitos, bons exemplos e hábitos, também há a necessidade de se promover a aquisição por parte das crianças do que podemos chamar "cultura literária moral". Esta coletânea nada mais é do que um livro prático que pretende iniciar os pequenos nessa cultura literária. Os contos e poemas aqui apresentados hão de ajudá-los a reconhecer os bons valores, como eles são na prática, e de que forma devem ser observados. Se quisermos que nossos filhos adquiram os traços de caráter que mais admiramos — honestidade, coragem, compaixão —, precisamos ensiná-los a os distinguir, mostrando por que merecem ser adotados.

Nunca é cedo para iniciar a tarefa. As histórias contidas nestas páginas poderão ajudar a reunir um primeiro apanhado de exemplos que ilustrem nossa percepção do que é certo e do que é errado, do que é bom e do que é ruim. Elas resistiram à prova do tempo em parte porque fascinam as crianças. Nenhum advento dos tempos modernos, seja a televisão ou qualquer outro, superou uma boa história iniciada pela expressão "Era uma vez..." Mas acredito que tenham resistido à prova do tempo por outro motivo. Elas vão ao encontro não apenas da imaginação das crianças, como também de seu senso moral. Ficam marcadas na mente das crianças como um guia para a vida inteira.

Assim, o material deste livro fala sem hesitações e sem constrangimentos ao senso moral, ao espírito das crianças. Hoje fala-se da importância de "ter valores", como se fossem objetos. Mas estas histórias falam da moral e das virtudes não como coisas a se possuir, mas como essência da natureza humana, não como algo a *ter*, mas a *ser*. Estar entre estas histórias e versos é transportar-se, através da imaginação, para um lugar e um tempo diferentes, onde não há dúvidas de que as crianças são seres morais e espirituais, onde as verdades são as verdades morais, onde a principal finalidade da educação é a virtude. Ao lermos estas histórias para os nossos filhos, começamos a familiarizá-los com a ideia de que é a vida moral, a vida da virtude, que vale a pena ser vivida. Como escreveu São Paulo: "O que é verdadeiro, o que é honroso, o que é correto, o que é puro, o que é amável, o que é de boa reputação, o que possui excelência e é digno de apreço: eis o que deve habitar tua mente."

Espero que este livro ajude pais e filhos a viver segundo tais princípios.

CORAGEM
PERSEVERANÇA

Tente Mais uma Vez

Eis aqui o bom conselho a se seguir:
Tente mais uma vez;
Se no início algo é difícil conseguir,
Tente mais uma vez,
E verá sua coragem aparecer.
Nunca trema, não há nada que temer,
Persevere e verá que vai vencer;
Tente mais uma vez.

(Tradução de Cláudia Roquette-Pinto)

Perseverança

Para podermos encontrar as respostas certas — seja em Português, Matemática ou História, seja na vida —, é necessário haver dedicação constante.

O pescador que puxa a rede com pressa
Não tem peixe para a feira;
A criança que fecha o livro depressa
Não aprende a lição inteira.

Por isso, criança, se quer ter ciência,
A hora do estudo prolongue;
Nada se alcança sem paciência,
E devagar se vai ao longe.

(Tradução de Cláudia Roquette-Pinto)

É Possível

Pessoas corajosas costumam refletir muito sobre um assunto, para então perguntar: "Será que esta é a melhor maneira?" Os covardes, por outro lado, sempre dizem: "É impossível."

Não existe nada mais horrível
Do que gente que diz: "É impossível."
Com sua postura altiva
Reprovam qualquer tentativa;
Não veem a menor validade
Na História da Humanidade.
Por eles não haveria invenção
O carro, o rádio, a televisão,
O computador e sua memória;
Viveríamos na pré-história.
O mundo seria um lugar bem sem graça
Se a gente que diz "Impossível" governasse.

(Tradução de Cláudia Roquette-Pinto)

O Pequeno Herói da Holanda

Adaptação do original de Etta Austin Blaisdell
e Mary Frances Blaisdell

Esta história real, de um menino que não se deixou abater pelas adversidades enquanto cumpria sua missão, encerra um exemplo de bravura.

A Holanda é um país cuja maior parte do território fica abaixo do nível do mar. Enormes muralhas chamadas diques são o que impede o Mar do Norte de invadir a terra, inundando-a completamente. Há séculos o povo se esforça para manter as muralhas resistentes, a fim de que o país continue seco e em segurança. Até as crianças pequenas sabem que os diques precisam ser vigiados constantemente e que um buraco do tamanho de um dedo pode ser algo extremamente perigoso.

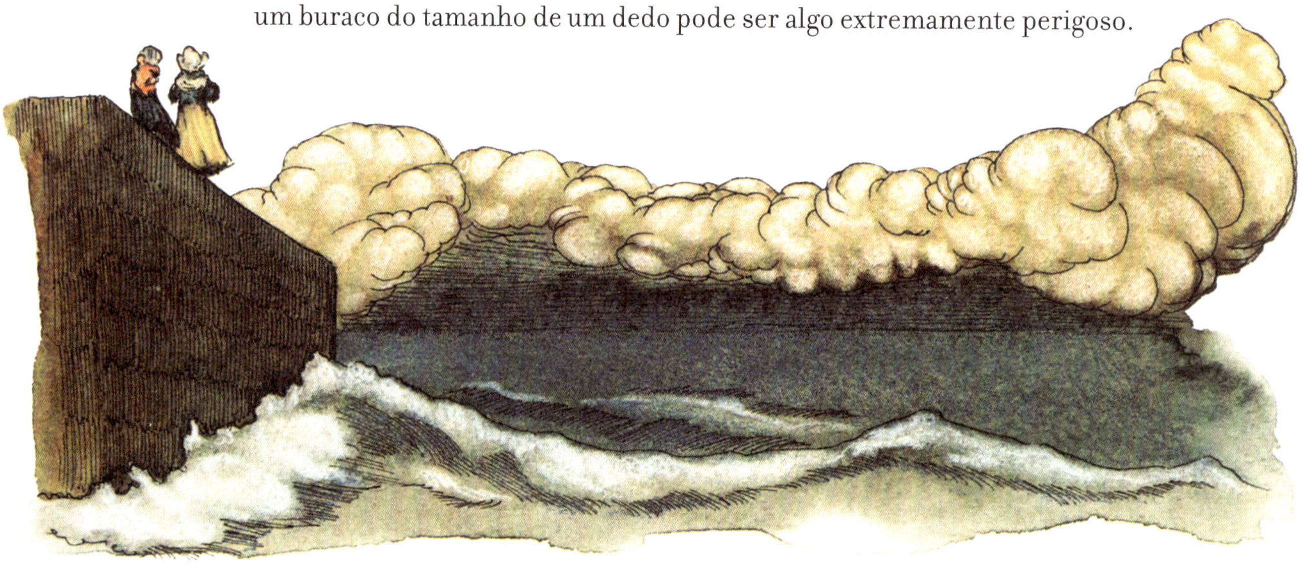

Há muitos anos, vivia na Holanda um menino chamado Peter. Seu pai era uma das pessoas responsáveis pelas comportas dos diques. Sua função era abri-las e fechá-las para que os navios pudessem sair dos canais em direção ao mar aberto.

Numa tarde do início do outono, quando Peter tinha oito anos, a mãe o chamou enquanto brincava:

– Venha cá, Peter. Vá levar esses bolinhos do outro lado do dique para o seu amigo cego. Se você andar ligeiro e não parar para brincar, vai chegar em casa antes de escurecer.

O menino gostou da tarefa e partiu feliz da vida. Ficou um bom tempo com o pobre cego, contando-lhe sobre o passeio da vinda e o sol e as flores e os navios lá no mar. De repente, lembrou-se da mãe dizendo para voltar antes de escurecer, despediu-se do amigo e tomou o rumo de casa.

Quando passava pelo canal, percebeu como as chuvas tinham feito subir o nível da água e que elas estavam batendo forte contra o dique, e pensou nas comportas do pai.

"Que bom que elas são fortes! Se quebrassem, o que seria de nós? Esses campos lindos ficariam inundados. Meu pai sempre diz que as águas estão 'zangadas'. Parece que ele acha que elas estão zangadas por ficarem presas tanto tempo."

O menino parava a toda hora para pegar umas florzinhas azuis que cresciam à beira do caminho, ou para escutar o barulhinho dos coelhos andando pela relva. Mas, com maior frequência, sorria ao pensar no pobre cego que tão poucos prazeres tinha e tanto apreciava suas visitas.

De repente, percebeu que o sol estava se pondo e escurecia rápido. "Minha mãe vai ficar preocupada", pensou ele, já correndo para chegar logo em casa.

Nesse exato momento, ouviu um barulho. Parecia água respingando! O menino parou e foi procurar de onde vinha. Encontrou um buraquinho no dique por onde estava correndo um fio de água.

Qualquer criança na Holanda morre de medo só de pensar num vazamento dos diques. Peter compreendeu o perigo imediatamente. Se a água passasse por um buraco qualquer, de pequeno ele logo se tornaria grande, e todo o país seria inundado. O menino prontamente percebeu o que deveria fazer. Jogou fora as flores, desceu a encosta lateral do dique e enfiou o dedo no furo.

A água parou de vazar! E Peter ficou pensando com seus botões: "Aha! As águas zangadas vão ficar presas. Posso contê-las com meu dedo. A Holanda não vai ser inundada enquanto eu estiver aqui."

Correu tudo bem no início, mas logo escureceu e esfriou. O menino começou a gritar bem alto:

— Socorro! Alguém, venha até aqui!

Mas ninguém ouviu; ninguém veio ajudar.

Foi fazendo cada vez mais frio; o braço começou a doer e a ficar dormente. Ele tornou a gritar:

— Será que ninguém vai vir até aqui? Mãe! Mãe!

Mas ela já tinha procurado pelo menino muitas vezes desde que o sol se fora, olhando pelo caminho do dique até onde a vista alcançava, e decidiu voltar para casa e fechar a porta, achando que ele havia decidido passar a noite com o amigo cego, e estava disposta a ralhar com ele no dia seguinte de manhã por ter ficado fora de casa sem sua permissão.

Peter tentou assobiar, mas os dentes batiam de frio. Pensou no irmão e na irmã, aconchegados no calor de suas camas, e no pai e na mãe queridos. "Não posso deixá-los afogar. Preciso ficar aqui até que alguém venha, mesmo que passe a noite inteira."

A lua e as estrelas brilhavam, iluminando o menino recostado numa pedra junto ao dique. A cabeça pendeu para o lado, os olhos se fecharam, mas Peter não adormeceu, pois a toda hora esfregava a mão que estava detendo o mar zangado.

"De alguma forma, eu vou aguentar!", pensava ele. E passou a noite inteira ali, contendo as águas.

De manhã, bem cedinho, um homem a caminho do trabalho achou ter ouvido um gemido enquanto passava por cima do dique. Inclinou-se na borda e encontrou o menino agarrado à parede da muralha.

— O que aconteceu? Você está machucado?

— Estou contendo a água do mar! — gritou Peter. — Mande vir socorro logo!

O alerta foi dado imediatamente. Chegaram várias pessoas com pás, e logo o furo estava consertado.

Peter foi levado para casa, ao encontro dos pais, e rapidamente todos ficaram sabendo que ele lhes havia salvo as vidas naquela noite. E até hoje, ninguém se esquece do corajoso pequeno herói da Holanda.

(Tradução de Ricardo Silveira)

A Tartaruga e a Lebre

Esopo

Muitas das recompensas da vida vêm com o aprendizado da perseverança e do trabalho bem concluído.

A lebre estava caçoando da lerdeza da tartaruga. A tartaruga se abespinhou e desafiou a lebre para uma corrida. A lebre, cheia de si, aceitou a aposta. A raposa foi escolhida como juiz por ser muito sabida e correta. A tartaruga não perdeu tempo e começou a se arrastar. A lebre logo ultrapassou a adversária e, vendo que ia ganhar fácil, resolveu dar um cochilo. Acordou assustada e correu como louca. Na linha de chegada, a tartaruga esperava a lebre toda contente.

Devagar se vai ao longe.

(Tradução de Luiz Raul Machado)

As Estrelas do Céu

Adaptação do original de Carolyn Sherwin Bailey, Kate Douglas Wiggin e Nora Archibald Smith

Este antigo conto inglês nos faz lembrar que para alcançar um grande objetivo, devemos nos esforçar mais e mais.

Era uma vez uma garotinha que desejava nada mais do que tocar as estrelas do céu. Nas noites claras sem luar, ela se debruçava na janela do quarto e ficava olhando para as milhares de luzinhas espalhadas pelo céu, imaginando como seria se pudesse ter nas mãos uma delas.

Numa noite morna de verão, quando a Via Láctea brilhava mais do que nunca, achou que já não aguentava mais esperar — tinha de tocar numa ou duas estrelas, fosse como fosse. Pulou da janela e partiu sozinha para ver se conseguiria satisfazer seu intento.

Ela andou, andou muito, e muito mais ainda, até que chegou a um moinho de vento, cuja roda girava, moendo os grãos.

— Boa noite! — disse ela para a mó. — Eu gostaria de brincar com as estrelas do céu. Você viu alguma por aqui?

— Ora! Vi, sim! — resmungou a mó. — Toda noite elas brilham no meu rosto; a luz vem desta lagoa e não me deixa dormir. Pode mergulhar, minha jovem, que você vai encontrá-las.

A menina mergulhou na lagoa e ficou nadando até cansar os braços, e teve de parar, mas não conseguiu encontrar estrela alguma.

Ela, então, se dirigiu a velha mó:

— Desculpe, mas eu não acho que esta lagoa tenha estrelas!

— Bem, tinha sim, até que você mergulhou e agitou a superfície da água — retrucou a mó.

A menina saiu da lagoa, procurou se secar o melhor que pôde e partiu de novo pelos campos afora. Depois de algum tempo, chegou a um riacho de águas murmurantes e pedras cobertas de musgo.

— Boa noite, riachinho! — disse ela, educadamente. — Estou tentando alcançar as estrelas do céu para poder brincar com elas. Você viu alguma por aqui?

— Ora! Vi, sim! — sussurrou o riacho. — Elas ficam cintilando a noite inteira nas minhas margens e não me deixam dormir. Entre na água, minha jovem, que você vai encontrá-las.

A menina entrou, ficou andando pelo riacho um bom tempo, subiu nas pedras cheias de musgo, mas não conseguiu encontrar estrela alguma. Dirigiu-se, então, ao riacho, com a máxima delicadeza:

— Desculpe, mas aqui não parece haver estrelas.

— Você está dizendo que aqui não tem estrelas? — replicou o riacho. — Pois há muitas estrelas por aqui, sim. Eu sempre vejo. Tem noite que cobrem toda minha superfície, daqui até a velha lagoa do moinho. São tantas que nem sei o que fazer com elas.

E o riacho continuou se lamentando, acabando por esquecer-se da garotinha, que aproveitou e saiu de fininho, tomando os campos outra vez.

Passado algum tempo, sentou-se para descansar numa campina. Deve ter sido a campina das fadas, porque num piscar de olhos cerca de cem fadinhas precipitaram-se a dançar sobre a relva. Não eram maiores do que os cogumelos, mas estavam todas vestidas de ouro e prata.

— Boa noite, Pequenas Criaturas! — cumprimentou a menina. — Estou tentando alcançar as estrelas do céu. Vocês viram alguma por aqui?

— Ora! Vimos, sim! — disseram as fadas. — Elas aparecem todas as noites em meio a relva. Venha dançar conosco, mocinha, que você vai encontrar quantas quiser.

Convite aceito, pôs-se a dançar. Entrou na roda das Pequenas Criaturas e dançou, dançou, dançou. A pouca luz permitia ver perfeitamente a relva, mas ela não conseguiu ver nenhuma estrela. Continuou dançando até a exaustão e acabou caindo no meio da roda.

— Já cansei de tentar e não consigo alcançá-las aqui embaixo. Se vocês não me ajudarem, não vou arranjar nunca uma estrela para brincar.

— Ahn! — suspiraram as fadas. Uma delas se aproximou e pegou a mão da menina. — Se você está mesmo determinada, continue em frente. Siga sempre em frente, e não deixe de pegar a estrada certa. Peça ao Quatro Pés para levá-la até o Sem Pés, e diga ao Sem Pés para levá-la até a Escada Sem Degraus, e se você subir lá…

— Vou chegar até as estrelas do céu? — gritou a mocinha.

— Se você não chegar lá, chegará em outro lugar qualquer, não é mesmo? — A fadinha deu uma boa risada e todas elas desapareceram.

A menina retomou o caminho, esperançosa, e logo encontrou um cavalo selado, amarrado a uma árvore.

— Boa noite! — disse ela. — Estou tentando alcançar as estrelas do céu e já andei tanto que até os ossos me doem. Você me daria uma carona?

— Não sei nada de estrelas do céu — retrucou o cavalo. — Só estou aqui para atender ao pedido das Pequenas Criaturas.

— Mas eu acabo de vir de lá e as Pequenas Criaturas me mandaram pedir ao Quatro Pés para me levar até o Sem Pés.

— Quatro Pés? Sou eu! — relinchou ele. — Monte aí e vamos embora.

E os dois se foram, e andaram muito, andaram tanto que saíram da floresta e chegaram à beira do mar.

— Eu trouxe você até o fim da terra, e isso é tudo que Quatro Pés podem fazer. Agora, preciso voltar para casa.

A menina apeou e começou a andar pela praia, tentando imaginar o que fazer, até que um peixe maior do que todos os que já tinha visto na vida veio nadando até bem pertinho dos seus pés.

— Boa noite! — disse ela. — Eu estou tentando alcançar as estrelas do céu. Você pode me ajudar?

— Sinto muito, mas não posso — falou o peixe, soltando borbulhas. — A não ser que você tenha ordem das Pequenas Criaturas.

— Mas eu tenho. Elas disseram que Quatro Pés me trariam até o Sem Pés, e que Sem Pés me levaria até a Escada Sem Degraus.

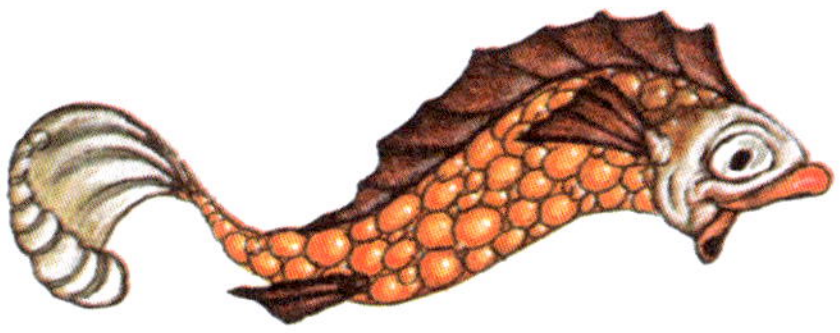

— Ah, bom! Então, está tudo bem. Suba nas minhas costas e segure firme.

E partiram os dois — tchabum! — dentro d'água, tomando um caminho que reluzia na superfície e parecia conduzir ao fim do mar, onde ele se encontra com o céu. Distante dali, a garotinha avistou um lindo arco-íris surgindo do oceano e indo acabar no céu, onde brilhavam todas as cores do mundo, tons de azul, de vermelho e de verde, uma maravilha de ver. Quanto mais se aproximavam, mais brilhava, até que ela precisou proteger os olhos de tanta luz.

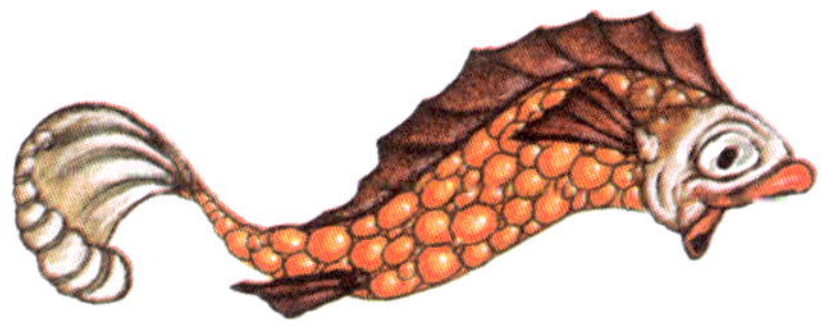

Finalmente, chegaram até o início do arco-íris e a menina pôde ver que era na verdade uma estrada ampla e iluminada, subindo íngreme em direção ao céu, e lá na outra ponta, bem longe, avistou umas coisinhas brilhantes dançando.

— Daqui eu não posso passar — disse o peixe. — Isso aí é a Escada Sem Degraus. Suba, se conseguir, mas segure-se bem. Essa escada não foi feita para os pés de uma mocinha como você, entende?

A menina pulou das costas do Sem Pés e ele foi embora, espadanando pelo mar afora. Ela começou a subir no arco-íris. Subiu, subiu, subiu. Era difícil. A cada passo que dava para cima, parecia escorregar dois para baixo. Mesmo depois de ter conseguido deixar o mar para trás, lá embaixo, bem longe, as estrelas do céu pareciam estar mais distantes do que nunca. Mas pensou: "Não vou desistir. Já cheguei até aqui, não vou voltar agora."

E continuou subindo. A temperatura foi baixando, mas o céu foi ficando cada vez mais claro, até a menina perceber que já estava chegando perto das estrelas.

— Já estou quase chegando — gritou.

E, de fato, de repente ela chegou à pontinha do arco-íris. Olhou em volta e em todas as direções viu estrelas dançando. Corriam de um lugar para outro, de cima para baixo, da frente para trás, e brilhavam nas cores mais variadas ao redor da menina.

— Puxa! Cheguei — sussurrou ela baixinho. Nunca tinha visto uma coisa tão bonita; e ficou ali, olhando maravilhada para aquilo tudo.

Mas em pouco tempo percebeu que estava tremendo de frio e, ao olhar para baixo, não viu mais a terra, perdida na escuridão. Quis encontrar sua casa, mas não dava nem para ver as luzes das ruas ou das janelas em meio àquele breu. Começou a sentir-se um pouco tonta.

"Não vou embora sem ter tocado ao menos numa estrela", pensou ela. Colocou-se na ponta dos pés e esticou o braço o mais que pode. Esticou ainda mais um pouco... e, de repente, uma estrela cadente passou zunindo pertinho dela. A menina tomou um susto tal que perdeu o equilíbrio.

E caiu, e foi caindo, caindo, escorregando pelo arco-íris. Quanto mais descia, mais o ar esquentava e mais sonolenta ela se sentia. Abriu enorme bocejo, soltou um pequeno suspiro e, sem perceber, entrou em sono profundo.

Quando acordou, estava em sua própria cama. O sol adentrava pela janela e os pássaros entoavam seus cantos matinais, voando de galho em galho.

— Será que eu toquei mesmo nas estrelas? Ou será que foi tudo um sonho?

Sentiu que havia algo na mão e abriu-a, com a palma estendida para cima. Uma luzinha brilhou e num instante desapareceu. A menina sorriu contente, sabendo que aquilo era um restinho da poeira das estrelas.

(Tradução de Ricardo Silveira)

RESPONSABILIDADE
TRABALHO
DISCIPLINA

O Pequeno Fred

Aqui aprendemos a maneira certa de ir para a cama.

Quando o Fred, de pijama,
Era mandado para a cama
Ele já se adiantava;
Um beijo na mamãe, primeiro,
E outro no papai, brejeiro,
Boa noite a todos desejava.

Sem abrir o berreiro,
Como os meninos matreiros
E sem fazer má-criação
Ia subindo as escadas
Da forma mais educada
E nunca esquecia de fazer sua oração.

(Tradução de Cláudia Roquette-Pinto)

Havia uma Menininha

Neste poema vemos o que pode acontecer quando não nos comportamos bem.

Havia uma menininha
Com um cacho enroladinho
Que caía bem no meio da sua testa.
Quando queria ser educada
Era muito bem comportada,
Mas quando era má, era uma peste.

Um dia subiu as escadas
Enquanto seus pais, ocupados,
Na cozinha preparavam canapés,
E se pôs a plantar bananeira
Na mesa de cabeceira,
Batendo palmas com os pés.

Sua mãe, ouvindo a algazarra,
Pensou: "São os meninos, de farra,
A brincar de guerra com os amigos."
Mas quando chegou lá em cima
E viu as artes da Carolina,
Deu-lhe um pito e a pôs de castigo.

(Tradução de Cláudia Roquette-Pinto)

Por Favor

Alicia Aspinwall

Boas crianças aprendem boas maneiras (às vezes com seus irmãos e irmãs).

Havia uma vez uma pequena expressão chamada "Por Favor" que morava na boca de um garotinho. Os Por Favor moram na boca de todo mundo, ainda que as pessoas se esqueçam com frequência que eles estão ali.

Mas para ficarem fortes e felizes, todos os Por Favor devem ser tirados das bocas de vez em quando, para tomar um pouco de ar. Sabe, eles são como peixinhos de aquário, que sobem à tona para respirar.

O Por favor do qual irei falar morava na boca de um menino chamado Duda. Só uma vez, em muito tempo, o tal Por Favor teve oportunidade de sair, pois Duda, lamento dizer, era um menininho muito malcriado; que quase nunca se lembrava de dizer "Por favor".

— Dê-me um pedaço de pão! Quero água! Dê-me aquele livro! — Era deste jeito que ele pedia as coisas.

Seus pais ficavam muito tristes com isso. Já o coitado do Por Favor ficava na ponta da língua do menino, aguardando uma oportunidade para sair. Estava cada dia mais fraco.

Duda tinha um irmão mais velho, chamado João. Tinha quase dez anos; e era tão educado quanto Duda era malcriado. Por isso, o seu Por Favor recebia muito ar, era forte e bem-disposto.

Um dia, no café da manhã, o Por Favor de Duda sentiu que precisava tomar ar, mesmo que para isso tivesse de fugir. Foi o que fez — fugiu da boca de Duda, e inspirou longamente.

Depois, arrastou-se pela mesa e pulou para a boca de João.

O Por Favor que morava lá ficou muito zangado.

— Saia! — gritou ele. — Aqui não é o seu lugar! Esta boca é minha!

— Eu sei — respondeu o Por Favor de Duda. — Eu moro na boca do irmão de seu senhor. Mas, meu Deus! Não sou feliz lá. Eu nunca sou usado. Nunca recebo ar puro! Pensei que você me deixaria ficar aqui por um dia ou dois, até eu me sentir mais forte.

— Mas é lógico — disse gentilmente o outro Por Favor. — Eu compreendo. Fique; quando o meu senhor me utilizar, sairemos os dois. Ele é bom, e eu tenho certeza de que não se importará em dizer "por favor" duas vezes. Fique o tempo que desejar.

Ao meio-dia, no almoço, João quis um pouco de manteiga, e falou assim:

— Papai, pode me passar a manteiga, por favor, por favor?

— Pois não — disse o pai. — Mas por que tanta polidez?

João não respondeu. Voltou-se para a mãe, e disse:

— Mamãe, dê-me um bolinho, por favor, por favor?

A mãe sorriu.

— Vou lhe dar o bolinho, querido; mas por que você diz "por favor" duas vezes?

— Eu não sei — respondeu João. — As palavras apenas saem. Tita, por favor, por favor, me dê um pouco d'água!

Nesse momento, João ficou um pouco assustado.

— Tudo bem — disse o pai. — Não há problema nenhum. Mas não se deve dizer tanto "por favor" neste mundo.

Enquanto isso, o pequeno Duda continuara gritando daquele seu jeito mal-educado:

— Quero um ovo! Quero um pouco de leite! Me dá uma colher! — Mas, então, ele parou e escutou o irmão. Achou que seria engraçado falar como João; por isso, começou: — Mamãe, dê-me um bolinho, m-m-m?

Ele estava tentando dizer "por favor" — mas como?

Ele não sabia que o seu pequenino Por Favor estava sentado na boca de João. Tentou outra vez, pedindo a manteiga:

— Mamãe, passe a manteiga, m-m-m?

E só conseguiu dizer isto.

A coisa continuou o dia inteiro, e todos ficaram imaginando o que havia de errado com os dois meninos. Quando anoiteceu, ambos estavam muito cansados, e Duda estava tão aborrecido que a mãe os mandou mais cedo para a cama.

Mas na manhã seguinte, logo que se sentaram para o café, o Por Favor de Duda correu de volta para casa. Ele tinha tomado tanto ar puro no dia anterior que estava se sentindo bastante forte e feliz. E, no momento seguinte, ele foi outra vez arejado quando Duda falou: — Papai, por favor, corte a minha laranja!

Meu Deus! A expressão saiu fácil, fácil! Soava tão bem como quando João a pronunciava — e João estava falando somente um "por favor" naquela manhã. E daquele dia em diante, o pequeno Duda tornou-se tão educado quanto o irmão.

(Tradução de Lia Neiva)

Precisa-se de um Menino

Frank Crane

Este "anúncio" surgiu no começo deste século.

Precisa-se de um menino que se porte direito, que se sente direito e que fale direito;

Um menino que não tenha as unhas pretas e que tenha as orelhas limpas; um menino de sapatos engraxados, de roupas escovadas, de cabelo penteado e de dentes bem tratados;

Um menino que dê atenção quando lhe falem, que faça perguntas quando não entender, e que não pergunte o que não é de sua conta;

Um menino que se mexa rápido, mas que para isso faça o mínimo de barulho;

Um menino que assovie na rua, mas não onde deva manter silêncio;

Um menino animado, que tenha sempre um sorriso espontâneo para todos, e que nunca fique emburrado;

Um menino que seja educado com os homens e respeitoso com as senhoras e as meninas;

Um menino que não fume nem queira aprender a fumar;

Um menino que prefira aprender a falar corretamente a falar gíria;

Um menino que não maltrate outros meninos e que não permita que o maltratem;

Um menino que, ao desconhecer alguma coisa, diga: "Não sei", que ao errar, fale: "Desculpe", e que, ao lhe pedirem que faça algo, responda: "Deixe comigo!";

Um menino que olhe nos olhos dos outros e que sempre diga a verdade;

Um menino ávido por ler bons livros;

Um menino que prefira passar o tempo livre num ginásio de esportes a desperdiçá-lo pelos cantos em jogatinas a dinheiro;

Um menino que não queira ser "esperto", e que de modo algum queira chamar atenção;

Um menino que prefira perder o emprego de férias ou ser expulso da escola a contar uma mentira ou a ser malcriado;

Um menino de quem os outros meninos gostem;

Um menino que se sinta bem na companhia das meninas;

Um menino que não sinta pena de si próprio, que não viva pensando e falando de si mesmo;

Um menino bom para sua mãe, e que seja mais amigo dela que qualquer outra pessoa;

Um menino que faça os outros se sentirem bem quando está por perto;

Um menino que não seja piegas, nem afetado, nem arrogante, e sim saudável, alegre e cheio de vida.

Procura-se esse menino — sua família, sua escola, seus colegas, as garotas, todo mundo o quer.

(Tradução de Carlos Alves)

Lá Longe, na Campina

Olive A. Wadsworth

Os pais demonstram que são responsáveis tomando conta de seus filhos.
As crianças demonstram que são responsáveis obedecendo a seus pais.

Lá longe, na campina,
Na areia, sob o sol,
Vivia a mamãe-sapa
Com sua filhinha só.
"Pisque", dizia a mãe sapa;
"Pisco, sim senhora";
E abria o olho e o fechava
Na areia, sob o sol.

Lá longe, na campina,
Onde é mais claro o riacho,
Vivia a mamãe-peixe
Com seus dois peixinhos-macho.
"Nadem", dizia ela;
"Nadamos", falavam baixo;
E nadavam e saltavam
Lá onde é claro o riacho.

Lá longe, na campina,
Aconchegados no ninho,
Vivia a mamãe-pássaro
Com os seus três passarinhos.
"Cantem", dizia ela;
"Cantamos, os três juntinhos"
E cantavam e se alegravam
Aconchegados no ninho.

Lá longe, na campina,
Na ribeira, entre os juncos,
Vivia a mamãe-rata
Com quatro ratinhos junto.
"Mergulhem", dizia ela;
"Mergulhamos em conjunto";
E mergulhavam e escavavam
A ribeira, entre os juncos.

(Tradução de Cláudia Roquette-Pinto)

A Galinha Ruiva

Recontada por Penryhn Coussens

Se queremos dividir a recompensa, devemos partilhar o trabalho.

Um dia uma galinha ruiva encontrou um grão de trigo.

— Quem me ajuda a plantar este trigo? — perguntou aos seus amigos.

— Eu não — disse o cão.

— Eu não — disse o gato.

— Eu não — disse o porquinho.

— Eu não — disse o peru.

— Então eu planto sozinha — disse a galinha. — Cocoricó!

E foi isso mesmo que ela fez. Logo o trigo começou a brotar e as folhinhas, bem verdinhas, a despontar. O sol brilhou, a chuva caiu e o trigo cresceu e cresceu, até ficar bem alto e maduro.

— Quem me ajuda a colher o trigo? — perguntou a galinha aos seus amigos.

— Eu não — disse o cão.

— Eu não — disse o gato.

— Eu não — disse o porquinho.

— Eu não — disse o peru.

— Então eu colho sozinha — disse a galinha. — Cocoricó!

E foi isso mesmo que ela fez.

— Quem me ajuda a debulhar o trigo? — perguntou a galinha aos seus amigos.

— Eu não — disse o cão.

— Eu não — disse o gato.

— Eu não — disse o porquinho.

— Eu não — disse o peru.

— Então eu debulho sozinha — disse a galinha. — Cocoricó!

E foi isso mesmo o que ela fez.

— Quem me ajuda a levar o trigo ao moinho? — perguntou a galinha aos seus amigos.

— Eu não — disse o cão.

— Eu não — disse o gato.

— Eu não — disse o porquinho.

— Eu não — disse o peru.

— Então eu levo sozinha — disse a galinha. — Cocoricó!

E foi isso mesmo o que ela fez. Quando, mais tarde, voltou com a farinha, perguntou:

— Quem me ajuda a assar essa farinha?

— Eu não — disse o cão.

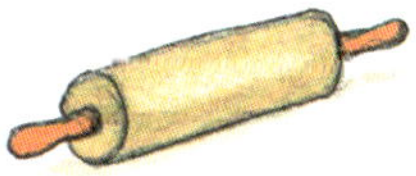

— Eu não — disse o gato.

— Eu não — disse o porquinho.

Eu não — disse o peru.

— Então eu asso sozinha — disse a galinha. — Cocoricó!

A galinha ruiva assou a farinha e com ela fez um lindo pão.

— Quem quer comer esse pão? — perguntou a galinha.

— Eu quero! — disse o cão.

— Eu quero! — disse o gato.

— Eu quero! — disse o porquinho.

— Eu quero! — disse o peru.

— Isso é que não! Sou eu quem vai comer esse pão! — disse a galinha. — Cocoricó!

E foi isso mesmo que ela fez.

(Tradução de Cláudia Roquette-Pinto)

O Rei e o Falcão

Adaptação de James Baldwin

Devemos controlar nosso temperamento. Quando você estiver irritado por algum motivo, conte até dez antes de agir precipitadamente; quando estiver muito irritado, conte até cem. Esta foi a lição que Gêngis Khan aprendeu numa bela tarde de sol, há oitocentos anos. Seu império estendia-se da Europa oriental ao mar do Japão.

Gêngis Khan foi um grande rei e guerreiro. Conduziu seu exército à China e à Pérsia, e conquistou muitas terras. Em todos os países, falava-se de seus feitos ousados e dizia-se que desde Alexandre, o Grande, não houvera rei igual.

Certa manhã, longe das guerras, saiu cedo de casa, a fim de passar o dia caçando na floresta. Muitos amigos foram com ele. Todos, portando seus arcos e flechas, seguiam felizes em suas montarias. Acompanhavam-nos os serviçais, conduzindo os cães pela retaguarda.

O grupo mostrava-se muito bem disposto. Seus gritos e risadas re-

tumbavam na floresta. Esperavam abater muitos animais, que trariam para casa ao final do dia.

O rei levava ao punho seu falcão predileto, pois naquela época essa ave era treinada para a caça. A uma ordem do dono, o pássaro alçava voo, e do alto vasculhava a floresta.

Ao avistar um cervo ou uma lebre, mergulhava velozmente sobre a presa, qual uma flecha.

O dia inteiro passaram Gêngis Khan e seus caçadores a cavalgar pela floresta. Não encontraram, porém, tanta caça quanto esperavam.

À tardinha, decidiram retornar. O rei estava habituado a cavalgar pela floresta, e conhecia todas as trilhas. Tendo o grupo escolhido o caminho mais curto para casa, ele tomou uma estrada mais longa, que passava por um vale entre duas montanhas.

O dia fora quente, e o rei tinha sede. Seu falcão amestrado alçara voo, deixando-o só. O pássaro saberia encontrar o caminho de casa.

O rei prosseguia lentamente. Conhecia uma fonte de águas límpidas em alguma paragem perto da trilha. Se ao menos pudesse encontrá-la naquele momento! Mas os dias quentes do verão haviam secado todos os córregos da montanha.

Mas eis que, para sua alegria, avistou um pouco de água escorrendo pela beira de uma pedra. Haveria de encontrar a fonte logo acima. Na estação chuvosa, as águas corriam ligeiras naquele ponto; mas agora, gotejavam lentamente.

O rei apeou da montaria. Tirou do embornal um cálice de prata. Começou a aparar com ele as gotas que caíam lentamente da pedra.

A água demorava para encher o cálice; e o rei tinha tanta sede que mal podia esperar. Finalmente, estava quase cheio. Levou-o aos lábios e estava prestes a sorver o primeiro gole.

De repente, um zunido cruzou os ares e o cálice foi derrubado de suas mãos. A água derramou-se toda.

O rei procurou ver quem fizera aquilo. Fora seu falcão amestrado.

O pássaro voou de um lado para outro algumas vezes e acabou pousando nas pedras, perto da fonte.

O rei pegou o cálice e tornou a recolher as gotas de água.

Desta vez não esperou tanto tempo. Quando estava pela metade, levou-o a boca. Mas antes que o cálice lhe tocasse os lábios, o falcão deu outro mergulho rasante, derrubando o objeto.

Então o rei começou a ficar zangado. Empreendeu mais uma tentativa, e pela terceira vez o falcão o impediu de beber.

O rei ficou bastante irritado e gritou:

— Como te atreves a fazer isso? Se eu pusesse minhas mãos em ti, torcer-te-ia o pescoço!

Mais uma vez, o rei encheu o cálice. Porém, antes de levá-lo à boca, sacou da espada.

— Agora, Senhor Falcão, é a última vez — disse ele.

Mal proferia as palavras, o Falcão mergulhou e derrubou-lhe das mãos o cálice. Mas o rei já esperava por isso. De um golpe, acertou o pássaro em pleno voo.

E logo o pobre Falcão jazia aos pés do dono, sangrando até morrer.

— É o que mereces por teus caprichos — disse Gêngis Khan.

Entretanto, ao procurar o cálice, encontrou-o caído entre duas pedras, onde não conseguia alcançá-lo.

— Mesmo assim, vou beber desta fonte — disse consigo mesmo.

E pôs-se a galgar a parede íngreme da rocha para chegar até o lugar de onde a água escorria. A tarefa era árdua; e quanto mais subia, mais sede sentia.

Por fim, atingiu o local. E havia, de fato, uma nascente; mas o que era aquilo dentro da poça, ocupando-lhe quase todo o espaço? Uma enorme serpente morta, e das mais venenosas.

O rei parou. Esqueceu-se da sede. Pensou apenas no pobre pássaro morto no chão.

— O falcão salvou-me a vida! — gritou. — E o que fiz em troca? Era meu melhor amigo, e eu o matei.

Desceu a escarpa. Tomou cuidadosamente o pássaro nas mãos e o colocou no embornal. Subiu na montaria e partiu ligeiro, dizendo consigo:

— Aprendi hoje uma triste lição, que é nunca fazer coisa alguma movido pela raiva.

(Tradução de Ricardo Silveira)

Hércules e o Carreiro

Esopo

Esta velha fábula ajuda-nos a identificar desde cedo as tarefas que nos cabem.

Um carreiro levava a carroça muito carregada por uma estrada lamacenta. As rodas afundaram na lama e os cavalos não conseguiram desatolar o carro. Ele ficou se lamentando desesperado e implorou a ajuda de Hércules, até que o herói apareceu.

— Se você fizer força para arrancar as rodas da lama, se você dirigir bem os cavalos, eu posso ajudar. Mas se você não levantar um dedo para tentar sair do buraco, ninguém — nem mesmo Hércules — poderá ajudá-lo.

O céu ajuda a quem se ajuda.

(Tradução de Luiz Raul Machado)

São Jorge e o Dragão

Adaptação de J. Berg Esenwein e Marietta Stockard

"Em algum lugar talvez haja complicações e medo", diz São Jorge nesta fábula, antes de lançar-se em busca de "alguma tarefa que só um cavaleiro possa desempenhar". Tais pessoas, que interrompem suas atividades para prestar auxílio a quem necessita, são chamadas por vezes de cavaleiros ou santos; outras vezes, são chamados de professores e pais.

Há muito tempo, quando os cavaleiros habitavam a terra, havia um cujo nome era Dom Jorge. Não era apenas mais corajoso do que os outros; era tão nobre, generoso e bom que as pessoas passaram a chamá-lo de São Jorge.

Os ladrões não ousavam atacar as pessoas que moravam perto do seu castelo, e os animais selvagens eram afastados dali para que as criancinhas pudessem brincar tranquilas na floresta.

Um dia, São Jorge cruzou o país inteiro em sua montaria. Em todos os cantos, viu homens ocupados na lida dos campos, mulheres cantando enquanto cuidavam da casa e criancinhas gritando na alegria de suas brincadeiras.

— Essas pessoas estão em segurança e são felizes. Não mais necessitam de mim — disse São Jorge. — Em algum lugar talvez haja complicações e medo. Deve haver alguma região onde as criancinhas não possam brincar em paz, onde alguma mulher tenha sido levada do seio de seu lar; talvez haja ainda dragões por matar. Amanhã partirei, e deter-me-ei quando encontrar alguma tarefa que só um cavaleiro possa desempenhar.

Na manhã seguinte, bem cedinho, São Jorge colocou na cabeça o elmo, vestiu a armadura brilhante e cingiu a espada. Montou no magnífico cavalo branco e cruzou os portões do castelo. Desceu a difícil e íngreme estrada, altivo em sua montaria; perfeito cavaleiro, forte e destemido.

Atravessou o vilarejo ao sopé da colina e saiu cavalgando pelos campos afora. Em todos os lugares, via férteis trigais balouçando ao vento; em todos os lugares, havia paz e abundância.

Continuou em seu caminho, até que afinal chegou a uma parte do país onde ainda não estivera. Percebeu que não havia ninguém na lida do campo. As casas que encontrou estavam silenciosas e vazias. A relva à beira da estrada estava calcinada, como que destruída pelo fogo. O trigal fora pisoteado e queimado.

São Jorge parou a montaria e observou os arredores. Em todos os cantos, havia silêncio e desolação.

— Que coisa terrível teria afugentado de casa todos os habitantes desta região? Preciso descobrir, e ajudar, se puder — disse ele.

Mas não havia a quem perguntar, e São Jorge prosseguiu até que afinal avistou ao longe as muralhas de uma cidade.

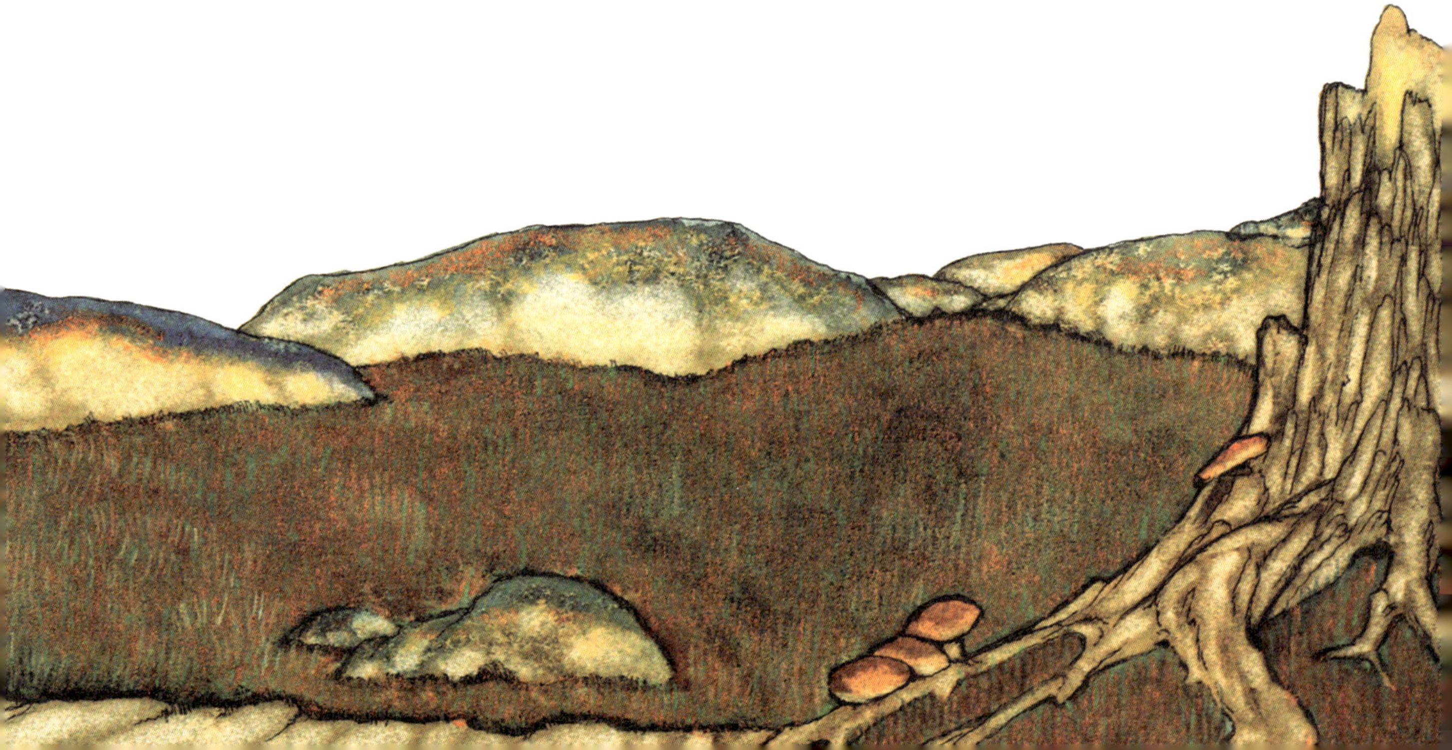

— Aqui, certamente, encontrarei alguém que possa me contar a causa de tudo isto — disse ele, e acelerou o passo.

Os enormes portões logo se abriram e São Jorge deparou com uma multidão de pessoas. Muitas choravam, e estavam todas amedrontadas. Ficou uns instantes a observá-las, até que viu sair sozinha uma linda jovem vestida de branco com uma faixa escarlate em volta da cintura. Os portões se fecharam estrondosamente e a moça tomou a estrada, chorando com grande amargura. Ela não percebeu a presença de São Jorge, que cavalgava rapidamente em sua direção.

— Jovem, por que choras? — perguntou ele ao chegar perto.

Ela levantou o olhar e deparou com São Jorge, belo e altivo, aprumado em seu cavalo.

— Oh, Senhor Cavaleiro! — gritou ela. — Foge daqui imediatamente. Não sabes o perigo que corres!

— Perigo! — exclamou São Jorge. — Achas que um cavaleiro fugiria do perigo? Além disso, tu, uma linda jovem, estás aqui sozinha. Acaso pensas que um cavaleiro abandonar-te-ia nessas condições? Conta-me teus problemas, para que possa ajudar-te.

— Não! Não! — gritou ela. — Foge daqui. Só irias perder a vida. Há por perto um terrível dragão. Ele pode aparecer a qualquer instante. Uma baforada apenas seria capaz de destruir-te. Foge! Foge depressa!

— Conta-me mais acerca disso tudo — falou São Jorge em tom severo. — Por que estás sozinha aqui para encontrar-te com esse dragão? Não sobraram mais homens na cidade?

— Oh! — exclamou a jovem. — Meu pai, o Rei, está velho e debilitado. Só tem a mim para ajudá-lo a cuidar do povo. Esse dragão terrível espantou a todos de suas casas, levou-lhes os rebanhos e destruiu as plantações. Vieram todos agora refugiar-se dentro dos limites das muralhas. Há semanas o dragão vem assolar-nos diante dos portões da cidade. Vemo-nos obrigados a dar-lhe duas ovelhas todas as manhãs. Ontem, não havia mais ovelhas. Então, ele ordenou que lhe fosse entregue uma jovem donzela; caso contrário, derrubaria as muralhas e destruiria a cidade. O povo implorou a meu pai, mas ele nada podia fazer. Vou entregar-me ao dragão. Talvez se contente comigo, a Princesa, e deixe nosso povo em paz.

— Mostra-me o caminho, corajosa Princesa. Conduze-me até onde esse monstro se encontra.

Ao ver o brilho nos olhos de São Jorge e o poderoso braço erguendo a espada em riste, a Princesa esqueceu-se do medo.

Voltou-se na direção de um pequeno e reluzente lago e o conduziu até lá.

— É ali que se esconde o dragão — sussurrou a Princesa.

— Olha, a água se mexeu. Ele está acordando.

São Jorge avistou a cabeça do monstro aflorando à superfície. Dobra após dobra, o dragão emergiu por inteiro.

Ao deparar-se com São Jorge, soltou um rugido estarrecedor e investiu em sua direção. Expelindo fogo e fumaça pelas narinas, abriu as enormes mandíbulas, tentando engolir cavaleiro e montaria.

São Jorge emitiu seu brado e empunhou a espada acima da cabeça, disparando contra o dragão. Rápidos e violentos foram seus golpes. A batalha foi terrível. Finalmente, o dragão estava ferido. Soltou um rugido de dor e investiu contra São Jorge, abrindo a enorme boca bem perto da cabeça do cavaleiro.

O cavaleiro estudou o golpe cuidadosamente e o desferiu com toda a força contra a garganta do dragão, que caiu morto aos pés da montaria. São Jorge, exultante, clamou sua vitória. Chamou a Princesa. Ela se aproximou.

— Dê-me a faixa que trazes à cintura, ó Princesa! — disse ele.

A jovem a entregou e o cavaleiro a amarrou em torno do pescoço do dragão; os dois, então, o puxaram pela pequenina tira de seda de volta até a cidade, para mostrar ao povo que o dragão não prejudicaria mais ninguém.

Quando avistaram São Jorge trazendo a Princesa em segurança e o dragão morto, todos correram a abrir os portões da cidade e a gritar de alegria.

O Rei ouviu o clamor do povo e deixou o palácio a fim de inteirar-se do ocorrido.

Ao ver a filha sã e salva, mostrou-se o mais alegre de todos.

— Ó audaz cavaleiro! — disse ele. — Estou velho e enfraquecido. Fica e ajuda-me a proteger meu povo contra o mal.

— Ficarei enquanto Vossa Majestade de mim necessitar — respondeu São Jorge.

E passou a morar no castelo e ajudar o velho Rei a cuidar do seu povo; e quando o velho Rei morreu, São Jorge foi coroado sucessor. O povo viveu feliz e em segurança, com um Rei assim tão bravo e bondoso.

(Tradução de Ricardo Silveira)

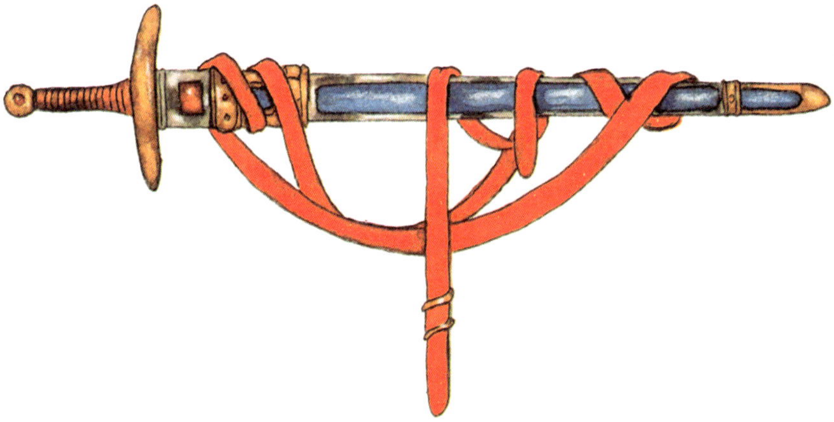

COMPAIXÃO
FÉ

Oração de uma Criança

O hábito da oração, como todos os bons costumes, deve ser consolidado quando ainda somos bem jovens.

Senhor, ensinai-me a rezar,
E aceitai a minha oração;
Vós, que estais em todo lugar,
Ouvi meu coração.

Como os pássaros com frio
Que recebem vosso alento,
Em minha inocência infantil
Olhai por mim, sempre atento.

Ensinai-me a seguir o que é bom,
Perdoai, quando errar sem querer,
Concedendo-me o maior dom:
Servir-vos enquanto viver.

(Tradução de Cláudia Roquette-Pinto)

Respeito aos Animais

Devemos sempre respeitar todos os seres, do maior ao menor deles.

Ó criança, nunca firas
Aquilo que vive e respira;
Guarda um pouco de farelo
Para o pássaro, com zelo,
Pois a tua refeição
Pagará com uma canção.
Não espantes a lebre afoita
A espiar lá da moita.
Que ela venha, ao fim do dia,
Brincar no quintal, com alegria.
E a andorinha que anela
Num céu de altas janelas
Voar com asa ligeira,
Cantando à primavera,
Deixa que cante, livre!
E ama a tudo que vive.

(Tradução de Cláudia Roquette-Pinto)

Sermão aos Pássaros

Adaptação James Baldwin

São Francisco nasceu na segunda metade do século XII em Assis, na Itália. Fundador da ordem dos Franciscanos, é admirado até hoje por sua vida simples e despojada, seu amor pela paz e respeito por todas as criaturas vivas. Esta é uma das histórias mais famosas a seu respeito.

São Francisco era muito amável e afetuoso, não apenas com os homens, mas com todas as criaturas vivas. Referia-se aos pássaros como seus irmãozinhos alados e não tolerava vê--los sofrer.

Na época do Natal, espalhava farelos de pão perto das árvores para que eles pudessem festejar também.

Numa ocasião, quando um menino lhe deu um casal de pombas que havia capturado, São Francisco construiu-lhes um ninho onde a fêmea pôde pôr seus ovos.

O tempo foi passando e os ovos chocaram, gerando uma linda ninhada. As pombinhas eram tão mansas que pousavam nos ombros de São Francisco e comiam diretamente de sua mão.

Contam-se muitas histórias acerca do grande amor e compaixão desse homem pelas receosas criaturas dos campos e das florestas. Um dia, enquanto caminhava pelos bosques, os pássaros levantaram voo das árvores onde se encontravam e foram até ele para cumprimentá-lo.

Entoaram os trinados mais encantadores para demonstrar seu afeto.

E ao perceberem que ele iria falar-lhes, pousaram na relva para escutá-lo.

— Ó, lindos passarinhos! Eu amo todos vocês, pois são meus irmãozinhos alados. Deixem-me dizer-lhes uma coisa, meus queridos irmãozinhos: vocês devem sempre amar e respeitar a Deus.

— Pois vejam o que Ele lhes dá: asas para cruzarem os ares. Dá-lhes roupagem protetora e bela. Dá-lhes o ar para nele se movimentarem e dele fazerem sua morada.

— E pensem nisso, irmãozinhos: vocês não precisam plantar nem colher, pois Deus lhes dá o alimento. Dá-lhes os rios e córregos, cujas águas podem beber. Dá-lhes as montanhas e os vales, onde podem repousar. Dá-lhes as árvores, onde vocês podem construir seus ninhos.

— Não trabalham a terra nem o tear; Deus cuida de vocês e de seus filhotes. Deve ser, então, porque Ele ama vocês.

Portanto, não sejam ingratos; cantem em Seu louvor e agradeçam Sua caridade.

Nesse momento, parou de falar e observou ao redor de si. Todos os pássaros saltaram, alegres. Abriram as asas e os bicos para demonstrar que haviam entendido suas palavras.

E depois de receberem a bênção do santo, fizeram ouvir seus trinados; e a floresta inteira se encheu de alegria e júbilo com o maravilhoso canto dos pássaros.

(Tradução de Ricardo Silveira)

Alguém Está Vendo Você

A fé nos revela que nenhuma ação passa despercebida.
Acreditando nisso, agimos melhor.

Certa vez, um homem resolveu invadir os campos de um vizinho para roubar um pouco de trigo. "Se eu tirar um pouco de cada campo, ninguém irá perceber", pensou. "Mas reunirei uma bela pilha de trigo." Então ele esperou pela noite mais negra, quando grossas nuvens cobriam a lua, e saiu às escondidas de casa, levando consigo sua filha mais nova.

— Filha — ele sussurrou —, fique de guarda para o caso de alguém aparecer.

O homem entrou silenciosamente no primeiro campo e começou a colheita. Logo depois, a criança gritou:

— Papai, alguém está vendo você!

O homem olhou em volta, sem ver ninguém; juntou então o trigo roubado e seguiu adiante para o segundo campo.

— Papai, alguém está vendo você! — gritou a criança de novo.

O homem parou e olhou em volta, mas não viu qualquer pessoa, por isso amarrou o trigo roubado e esgueirou-se para o último campo.

— Papai, alguém está vendo você! — gritou a criança novamente.

O homem parou a colheita, olhou para todos os lados e, mais uma vez, não viu pessoa alguma.

— Por que você fica dizendo que alguém está me vendo? — perguntou ele zangado. — Já olhei para todos os lados e não vejo ninguém.

— Papai — murmurou a criança —, alguém está vendo você lá de cima.

(Tradução de Lia Neiva)

O Discípulo Honesto

Como nos lembra esta história do folclore judaico, a fé é, frequentemente, o caminho para outras virtudes (neste caso, para a honestidade).

Uma vez um rabino decidiu testar a honestidade de seus discípulos; por isso os reuniu e fez-lhes uma pergunta:

— O que vocês fariam se estivessem caminhando e achassem uma bolsa cheia de dinheiro caída na estrada? — perguntou.

— Eu a devolveria ao dono — disse um discípulo.

"A resposta dele foi muito rápida, preciso descobrir se ele realmente pensa assim", pensou o rabino.

— Eu guardaria o dinheiro se ninguém me visse encontrá-lo — disse um outro.

"Ele tem uma língua fraca, mas um coração mau", o rabino falou consigo.

— Bem, rabino — disse um terceiro discípulo —, para ser honesto, acredito que eu ficaria tentado a guardá-lo. Por isso, eu rezaria a Deus pedindo que me desse forças para resistir a tal tentação e para fazer a coisa certa.

"Ah!", pensou o rabino. "Eis o homem no qual posso confiar."

(Tradução de Lia Neiva)

O Pequeno Raio de Sol

Adaptação de Etta Austin Blaisdell e
Mary Frances Blaisdell

A compaixão é um presente como outro qualquer. Muitas vezes, o que vale é a intenção.

Era uma vez uma menininha chamada Elza. Elza tinha uma avó muito idosa, com cabelos brancos e o rosto enrugado.

O pai de Elza tinha uma casa enorme no alto de uma colina.

Todos os dias, o sol entrava pelas janelas do sul. E tornava tudo claro e bonito.

A avó morava na ala norte da casa. O sol nunca chegava ao seu quarto.

Um dia, Elza disse ao pai:

— Por que o sol não aparece no quarto da vovó? Eu sei que ela gostaria de vê-lo.

— O sol não pode entrar pelas janelas do norte — disse o pai.

— Então vamos virar a posição da casa, papai.

— Ela é muito grande para isso — disse o pai.

— A vovó nunca terá os raios de sol em seu quarto? — perguntou Elza.

— Claro que não, minha filha, a menos que você consiga levar alguns até lá.

Depois desta conversa, Elza pensou e pensou num jeito de carregar os raios de sol até a sua avó.

Quando ela brincava nos campos, via a grama e as flores balançando. Os pássaros cantavam docemente enquanto voavam de árvore em árvore.

Tudo parecia dizer: "Nós amamos o sol. Nós amamos o sol quente e luminoso."

— Vovó também amaria o sol — pensou a criança. – Eu preciso levar um pouco para ela.

Quando ela estava no jardim, uma certa manhã, sentiu os raios dourados e quentes do sol em seus cabelos louros. Sentou-se e viu os raios em seu colo.

— Vou apanhá-los com o meu vestido — pensou —, e levá-los até o quarto da vovó. — Então, ela se levantou e correu para dentro da casa.

— Veja, vovó, veja! Eu trouxe uns raios de sol para você — ela gritou. E abriu o vestido, mas não havia mais nenhum raio de sol.

— O sol vem nos seus olhos, minha criança — disse a avó —, e ele brilha nos seus ensolarados cabelos dourados. Eu não preciso de sol quando tenho você comigo.

Ela não entendia como o sol podia vir em seus olhos. Mas ficava contente de fazer sua querida avó feliz.

Todas as manhãs, ela brincava no jardim. Então, corria para o quarto de sua avó para levar-lhe o sol nos seus olhos e cabelos.

(Tradução de Lia Neiva)

O Leão e o Ratinho

Monteiro Lobato (1882-1948)

Ao sair do buraco, viu-se um ratinho entre as patas do leão. Estacou, de pelos em pé, paralisado pelo terror. O leão, porém, não lhe fez mal nenhum.

— Segue em paz, ratinho; não tenhas medo de teu rei.

Dias depois o leão caiu numa rede. Urrou desesperadamente, debateu-se, mas quanto mais se agitava mais preso no laço ficava.

Atraído pelos urros, apareceu o ratinho.

— Amor com amor se paga — disse ele lá consigo, e pôs-se a roer as cordas. Num instante conseguiu romper uma das malhas. E como a rede era das tais que rompida a primeira malha as outras se afrouxam, pôde o leão deslindar-se e fugir.

Mais vale paciência pequenina do que arrancos de leão.

— Isso é verdade — comentou Narizinho. Não há o que a paciência não consiga. Lá na cachoeira há um buraco na pedra feito por um célebre pingo d'água que cai, cai, cai há séculos.

— E há um ditado popular para esse pingo, ajuntou Pedrinho: Água mole em pedra dura tanto bate até que fura.

— Quem faz os ditados populares, vovó?

— O povo, minha filha. Os homens vão observando certas coisas e por fim formam um ditado, ou rifão, ou provérbio, ou adágio, ou dito, no qual resumem o que observaram. Esse dito do pingo d'água que tanto dá até que fura é muito bom — bonitinho e certo.

A Lenda da Concha

Adaptação de J. Berg Esenwein e Marietta Stockard

Um ato caridoso constitui frequentemente a própria recompensa.

Há muito tempo não chovia naquela terra. Estava tão quente e seco que as flores ficaram murchas, o capim tornara-se marrom e até mesmo as árvores grandes e fortes estavam morrendo. A água evaporou nos rios e nos córregos, os poços estavam secos e as fontes pararam de jorrar. As vacas, os cães, os cavalos, os pássaros e todas as pessoas tinham muita sede. Todos se sentiam incomodados e doentes.

Havia uma menininha cuja mãe ficara muito doente.

— Oh! Se eu puder encontrar um pouco de água para minha mãe, tenho certeza de que ela ficará bem outra vez. Eu preciso achar água.

Então ela pegou uma concha de lata e começou a procurar água. Encontrou uma pequenina fonte no alto da encosta de uma montanha. A fonte estava quase seca. A água pingava, pingava muito devagar por sob a pedra. A menininha posicionou a concha cuidadosamente e colheu as gotas. Ela esperou muito, muito tempo até que a concha ficasse cheia de água. Então, ela começou a descer a montanha segurando a concha com muito cuidado, porque não queria derramar uma gota sequer.

No caminho ela encontrou um pobre cachorrinho. Ele mal se arrastava. Arfava sofregamente à procura de ar e sua língua estava pendurada de tão seca.

— Oh, pobre cachorrinho! — disse a menininha. — Você está com muita sede. Eu não posso deixá-lo sem um pouco de água. Se eu lhe der só um pouquinho, ainda restará bastante para a minha mãe.

Então a menininha verteu um pouco d'água em sua mão e deu de beber ao cachorrinho. Ele tomou a água bem depressa e se sentiu tão melhor que pulou e latiu como que dizendo "Obrigado, menininha". A menina não reparou, mas sua concha de lata se havia transformado numa concha de prata e estava tão cheia de água quanto antes. Pensou em sua mãe e andou o mais depressa possível.

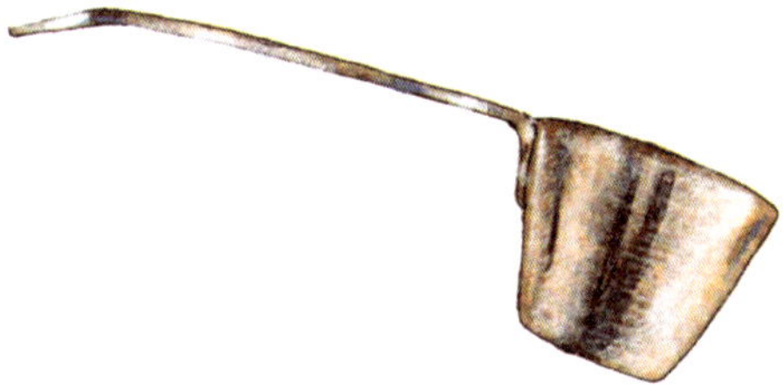

Chegou em casa no final da tarde, quando já escurecia. A menininha abriu a porta e correu para o quarto da mãe. Quando entrou no quarto, a velha empregada, que ajudava no serviço e trabalhara o dia inteiro sem descansar tomando conta da doente, caminhou até a porta. Ela estava tão cansada e com tanta sede que nem conseguiu falar com a menininha.

— Dê-lhe um pouco d'água! — disse a mãe. — Ela trabalhou o dia inteiro, e precisa mais de água do que eu.

A menininha levou a concha aos lábios da velha e ela bebeu parte da água. Na mesma hora, a empregada se sentiu melhor e mais forte; caminhou até a mãe e a levantou. A menininha não reparou que a concha transformara-se em ouro e estava tão cheia de água quanto antes.

Então levou a concha até os lábios da mãe, que bebeu e bebeu. Oh, a mamãe se sentiu tão melhor! Quando terminou de beber, ainda havia um pouco de água na concha. A menininha ia levá-la aos próprios lábios, quando ouviu uma batida na porta. A empregada foi abrir e lá estava um forasteiro muito abatido e coberto de poeira da estrada.

— Estou com sede — disse. — Quer me dar um pouco de água?

A menininha respondeu:

— Claro que sim, tenho certeza de que você precisa mais dela do que eu. Beba tudo.

O forasteiro sorriu e tomou a concha nas mãos; quando a segurou, ela transformou-se numa concha de diamantes.

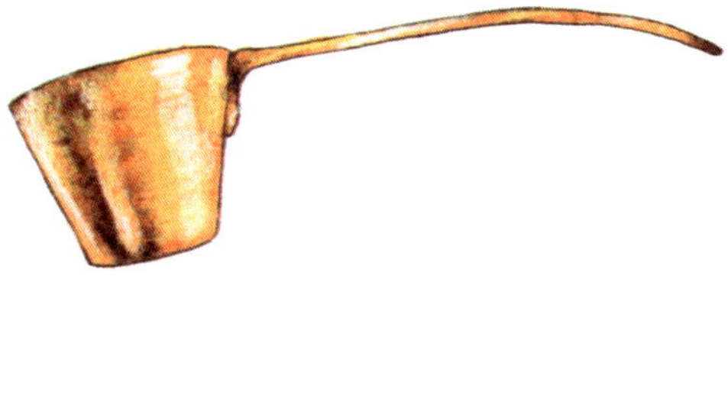

Ele a virou de cabeça para baixo e a água derramada se infiltrou no chão. No lugar onde a água se infiltrou, surgiu uma fonte. A água fresca minava e corria tão farta que deu de beber a todas as pessoas e a todos os animais daquela terra para sempre.

(Tradução de Lia Neiva)

HONESTIDADE
LEALDADE
AMIZADE

O Pasto

Robert Frost

Esse poema nos faz lembrar que um amigo é alguém com quem gostamos de estar.

Eu vou limpar a nascente do pasto;
Juntar as folhas todas de uma vez
(E ver a água clarear, talvez).
Eu não demoro — Você vem?

Vou até lá ver a pequena rês
Junto da mãe, e tão recém-nascida
Que cambaleia quando é lambida.
Eu não demoro — Você vem?

(Tradução de Cláudia Roquette-Pinto)

George Washington e a Cerejeira

Adaptação do original de J. Berg Esenwein e Marietta Stockard

Esta é uma história sobre George Washington, o primeiro presidente dos Estados Unidos, na época em que ele era jovem. Ela nos fala sobre a importância de dizer verdade.

George Washington morava numa fazenda no estado da Virgínia quando era criança. Seu pai ensinou-lhe a andar a cavalo e o levava com ele quando passeava pela fazenda. Assim George aprenderia a cuidar dos campos, dos cavalos e dos bois quando crescesse.

O pai de George havia plantado um pomar com macieiras, pessegueiros, pereiras, ameixeiras e cerejeiras. Certa vez lhe enviaram de longe uma muda de cerejeira. O senhor Washington plantou-a na parte mais alta do pomar, e disse a todos que cuidassem dela para que não se quebrasse.

A cerejeira cresceu bonita e na primavera cobriu-se de botões brancos. O senhor Washington ficou todo contente de pensar nas cerejas que viriam da arvorezinha.

Nesta mesma época, George ganhou um machado novo. E saiu com ele cortando galhos, tirando lascas das cercas e tudo o que visse pela frente. Até que chegou ao topo do pomar e, só pensando em como o seu machado era bom, golpeou a cerejeira. O tronco era tão macio e fácil de cortar que George derrubou a árvore instantaneamente, e continuou brincando.

No fim da tarde, depois de inspecionar a fazenda, o senhor Washington deixou seu cavalo no estábulo e foi ver a sua cerejeira. Ficou horrorizado quando viu que havia sido cortada. "Quem poderia ter feito uma coisa dessas?" Perguntou a todos, mas ninguém sabia dizer.

Foi quando George passou por ele.

— George — chamou o pai zangado —, você sabe quem matou a minha cerejeira?

Foi uma pergunta difícil, e George titubeou por um momento, mas logo disse:

— Não posso mentir, papai. Fui eu que cortei a árvore com o machado.

O senhor Washington olhou para George. O rosto do menino estava pálido, mas ele olhava firme para o pai.

— Vá para dentro, George — disse o pai zangado.

George foi para a biblioteca e esperou pelo pai. Estava muito triste e envergonhado. Sabia que tinha sido tolo e inconsequente e que seu pai tinha razão em estar bravo.

Pouco depois, o senhor Washington apareceu:

— Venha cá, meu filho — disse.

George foi até o pai. O senhor Washington olhou-o longa e fixamente.

— Diga-me, por que você cortou a árvore?

— Eu estava brincando e não pensei... — George gaguejou.

— E agora a árvore vai morrer. Nunca comeremos cerejas dela. Mas o pior de tudo é que você não tomou conta dela quando eu lhe pedi.

George abaixou a cabeça e seu rosto corou de vergonha.

— Desculpe-me, papai — disse ele.

O senhor Washington colocou a mão no ombro do filho.

— Olhe para mim - disse. — Eu estou triste por ter perdido a cerejeira, mas feliz por você ter tido coragem de me contar a verdade. Prefiro ter um filho honesto e corajoso a ter um pomar inteiro cheio das melhores árvores. Nunca se esqueça disso, meu filho.

George Washington nunca se esqueceu. Durante toda a sua vida ele se manteve tão corajoso e honrado como naquele dia.

(Tradução de Sofia Sousa e Silva)

Senhor, Fazei de Mim uma Luz

M. Bentham-Edwardsthat

Os verdadeiros amigos doam de si.

Senhor, fazei de mim uma luz.
Luzinha no mundo a brilhar;
Mínima chama que sempre reluz
Aonde quer que vá.

Senhor, fazei de mim um botão
Que, humilde, sob a folhagem
Floresce em seu pequenino torrão
E espalha a felicidade.

Senhor, fazei de mim um cajado
Para todos os que já se cansaram;
Que com minha saúde e boa-vontade
Aos meus irmãos eu dê amparo.

(Tradução de Cláudia Roquette-Pinto)

A Cinderela Indígena

Adaptação de Cyrus Macmillan

Esta lenda indígena canadense mostra como a honestidade é recompensada e a falsidade é punida. Glooskap, mencionado no parágrafo inicial, era uma divindade dos indígenas que habitavam as florestas do leste do Canadá.

Às margens de uma grande baía no litoral do Oceano Atlântico vivia, há muito tempo, um grande guerreiro indígena. Diziam que ele foi um dos melhores ajudantes e amigos do deus Glooskap, tendo sido o autor de muitos feitos extraordinários em seu auxílio. Mas quanto a isso, nada podem dizer os homens. Entretanto, ele tinha um estranho e maravilhoso poder: o de tornar-se invisível. Assim, conseguia infiltrar-se entre os inimigos e ouvir seus planos. Era conhecido junto ao seu povo como Vento Forte, o Invisível. Morava com a irmã numa tenda perto do mar, e a irmã o ajudava bastante com seu trabalho. Muitas donzelas queriam desposá-lo, e era muito almejado por seus feitos; e todos sabiam que Vento Forte se casaria com a primeira que fosse capaz de vê-lo chegar em casa à noite. Quase todas tentaram, mas demorou muito até que uma delas conseguisse.

Vento Forte usava de um inteligente artifício para testar a veracidade daquelas que tentavam conquistá-lo. Todos os dias, ao entardecer, a irmã passeava pela praia com uma das jovens que desejavam empreender a tentativa. A irmã conseguia vê-lo sempre, mas só ela e mais ninguém. Sob a luz do crepúsculo, ao vê-lo aproximar-se de casa, a irmã perguntava à pretendente: "Você está conseguindo vê-lo?" E todas mentiam: "Estou, sim!" A irmã, então, perguntava: "Com o que ele está puxando o trenó?" E elas respondiam: "Com uma pele de alce", ou "Com um cajado", ou "Com uma corda". E a irmã logo via que era mentira, pois não passavam de simples tentativas de adivinhações. Muitas foram as que tentaram e muitas foram as que mentiram; e todas falharam, pois Vento Forte não se casaria com quem não dissesse a verdade.

Vivia na aldeia um grande cacique com três filhas.

A mãe das meninas morrera fazia muito tempo. Havia uma que era bem mais nova do que as outras. Era linda, amável e todos gostavam dela; e logo as irmãs passaram a ter ciúmes dos seus encantos e a tratarem-na muito mal. Deram-lhe roupas esfarrapadas para que tivesse má aparência, cortaram-lhe os longos cabelos negros e jogaram-lhe em cima as brasas da fogueira para deixá-la marcada e com o rosto desfigurado. E mentiram ao pai, dizendo-lhe que ela própria tomara tais atitudes. Mas a jovem teve pa-

ciência e manteve o bom coração, continuando a fazer seus trabalhos com alegria e disposição.

Como outras jovens da tribo, as filhas mais velhas do chefe tentaram conquistar Vento Forte. Um dia, ao entardecer, foram passear pela praia com a irmã do guerreiro para esperar sua chegada. Ele não tardou a chegar, puxando o trenó. E a irmã, como sempre, perguntou:

— Vocês estão conseguindo vê-lo?

E cada uma, mentindo, respondeu:

— Estou, sim!

E ela perguntou:

— De que é feita a alça a tiracolo?

E cada uma, tentando adivinhar, respondeu:

— De couro cru.

E entraram na tenda onde esperavam encontrar Vento Forte preparando-se para jantar quando ele tirou o manto e os mocassins, as jovens os viram, mas foi tudo que conseguiram enxergar. E ficou claro que haviam mentido; e Vento Forte manteve-se afastado; e elas foram embora, desiludidas.

Um dia, a filha mais nova do chefe, com seus andrajos e cicatrizes, resolveu procurar Vento Forte. Remendou as roupas com pedaços de casca das árvores, cingiu os poucos ornamentos que possuía e foi tentar ver o Guerreiro Invisível, como todas as outras moças da aldeia. E as irmãs caçoaram dela, chamando-a de "boba". E a caminho da praia, todos fizeram pilhéria da moça maltrapilha e de rosto marcado; mas ela prosseguiu em silêncio.

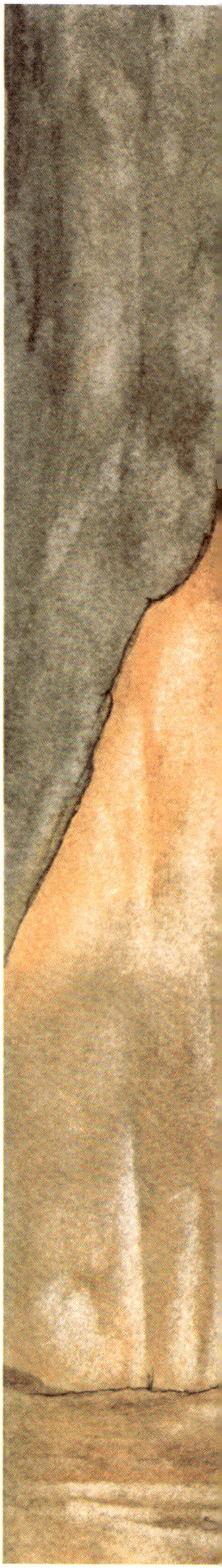

A irmã de Vento Forte recebeu a jovem com amabilidade e, ao baixar o crepúsculo, levou-a para a praia. O guerreiro não tardou a chegar em casa, puxando o trenó. E a irmã perguntou:

— Você está conseguindo vê-lo? — E ela respondeu:

— Não! — E a irmã se surpreendeu muito, pois ela dissera a verdade. E tornou a perguntar:

— Você está conseguindo vê-lo agora?

— Estou, sim! E ele é maravilhoso!

— Com o que ele está puxando o trenó?

— Com o Arco-Íris — respondeu a jovem, bastante assustada.

— De que é feito o arco?

— Da Via Láctea.

A irmã de Vento Forte sabia que, por ter a jovem respondido a verdade da primeira vez, o irmão se deixara ver. E ela disse:

— É verdade, você o viu.

E levou, então, a jovem filha do cacique para casa, preparou-lhe um banho, e todas as cicatrizes do rosto e do corpo desapareceram; seus cabelos cresceram novamente, negros como as asas dos corvos; e deu-lhe bonitas roupas para vestir e ricos adereços. Convidou-a em seguida a tomar o lugar da esposa na tenda.

E logo Vento Forte entrou, indo sentar-se ao seu lado, e disse-lhe que ela era agora sua noiva. No dia seguinte, ela se tornou sua esposa, e passou a ajudá-lo nos grandes feitos. Suas irmãs mais velhas ficaram furiosas e nunca chegaram a saber o que aconteceu. Mas Vento Forte, que sabia da crueldade das duas, resolveu castigá-las. Utilizando seu enorme poder, transformou-as em álamos e prendeu suas raízes bem fundo na terra. E desde então, as folhas dos álamos tremem sempre, com medo do Vento Forte chegar, mesmo que ele venha tranquilo, pois ainda recordam de sua força e ira nos castigos recebidos pelas mentiras que contaram e pelas maldades que faziam com a irmã muito tempo atrás.

(Tradução de Ricardo Silveira)

Os Brinquedos do Menino

Eugene Field

Os brinquedos de infância são alguns de nossos amigos mais antigos e fiéis. Que todos possamos aprender a ser tão firmes na lealdade quanto os pequenos companheiros deste menino.

O cãozinho de madeira, coberto de poeira,
Ainda está de pé, firme e forte.
Com o azul embolorado, o coitado do soldado
Não teve a mesma sorte.
O cãozinho já foi novo, um dia,
E até mesmo o soldadinho reluzia;
Era quando o menino os beijava,
E na estante do quarto os guardava.

"Não se mexam até eu voltar;
E não quero saber de folguedos!"
E deitava na caminha de armar,
A sonhar com seus lindos brinquedos.
Mas enquanto dormia, uma música linda
Dos céus vinda, o fez despertar —
Os brinquedos, amigos, o esperam ainda;
E tudo foi tanto tempo atrás!

Fiéis ao menino, com muita esperança,
Cada qual no local em que foi posto,
Sonham com a maciez de sua mão de criança
E com o sorriso a iluminar seu rosto.
E na poeira, enquanto passam os anos,
Perguntam, de si para si,
Por onde andará o menino risonho
Desde o dia em que os guardou ali.

(Tradução de Cláudia Roquette-Pinto)

O Menino que Mentia

Esopo

O modo mais rápido de perder o caráter é deixar de ser honesto.

Um pastor costumava levar seu rebanho para fora da aldeia. Um dia resolveu pregar uma peça nos vizinhos.

— Um lobo! Um lobo! Socorro! Ele vai comer minhas ovelhas!

Os vizinhos largaram o trabalho e saíram correndo para o campo para socorrer o menino. Mas encontraram-no às gargalhadas. Não havia lobo nenhum.

Ainda outra vez ele fez a mesma brincadeira e todos vieram ajudar. E ele caçoou de todos.

Mas um dia o lobo apareceu de fato, e começou a atacar as ovelhas. Morrendo de medo, o menino saiu correndo.

— Um lobo! Um lobo! Socorro!

Os vizinhos ouviram, mas acharam que era caçoada. Ninguém socorreu e o pastor perdeu todo o rebanho.

Ninguém acredita quando o mentiroso fala a verdade.

(Tradução de Luiz Raul Machado)

O Lenhador Honesto

Este texto foi adaptado de uma história escrita por Emilie Poulsson, que teve por inspiração um poema de Jean de La Fontaine (1621-1695).

Há muito tempo, numa floresta verdejante e silenciosa, próximo a um riacho de águas cristalinas e espumantes corredeiras, vivia um pobre lenhador que trabalhava muito para sustentar a família. Todos os dias, empreendia a árdua caminhada floresta adentro, levando ao ombro seu afiado machado. Partia sempre assobiando contente, pois sabia que enquanto tivesse saúde e o machado, conseguiria ganhar o suficiente para comprar o pão de que a família precisava.

Um dia, estava ele cortando um enorme carvalho perto do rio. As lascas voavam longe e o barulho do machado ecoava pela floresta com tanta força que parecia haver uma dúzia de lenhadores trabalhando.

Passado algum tempo, resolveu descansar um pouco. Recostou o machado na árvore e virou-se para se sentar, mas tropeçou numa raiz velha e retorcida e esbarrou no machado; antes que pudesse pegá-la, a ferramenta caiu ribanceira abaixo, indo parar no rio!

O pobre lenhador vasculhou as águas tentando encontrar o machado, mas aquele trecho era fundo demais. O rio continuava correndo com a mesma tranquilidade de sempre, ocultando o tesouro perdido.

— O que hei de fazer? Perdi o machado! Como vou dar de comer aos meus filhos? — gritou o lenhador.

Mal acabara de falar, surgiu de dentro do riacho uma bela mulher. Era a fada do rio que viera até a superfície ao ouvir o lamento.

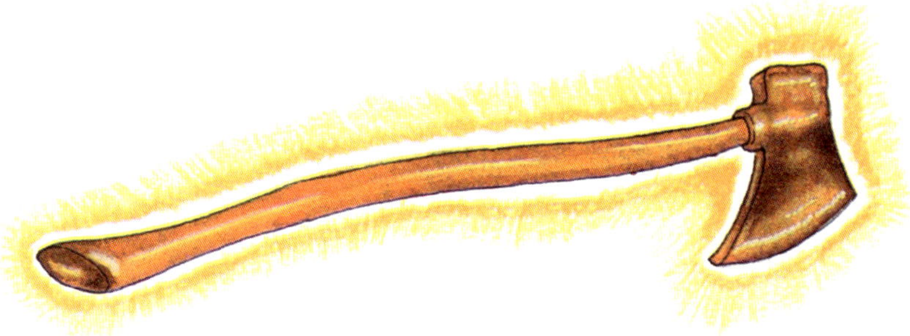

— Por que você está sofrendo tanto? — perguntou em tom amável. O lenhador contou o que acontecera e ela mergulhou em seguida, tornando a aparecer na superfície segundos depois com um machado de prata.

— É este o machado que você perdeu?

O lenhador pensou em todas as coisas lindas que poderia comprar para os filhos com toda aquela prata! Mas o machado não era dele, e balançou a cabeça, dizendo: — Meu machado era de aço.

A fada das águas colocou o machado de prata sobre a barranca do rio e tornou a mergulhar. Voltou logo e mostrou outro machado ao lenhador:

— Talvez este machado seja o seu, não?

— Não, não! Esse é de ouro! Vale muito mais do que o meu.

A fada das águas depositou o machado de ouro sobre a barranca do rio. Mergulhou mais uma vez. Tornou a subir à tona. Desta vez, trouxe o machado perdido.

— Esse é o meu! É o meu, sim; sem dúvida!

— É o seu — disse a fada das águas — e agora também são seus os outros dois. São um presente do rio, por você ter dito a verdade.

À noitinha, o lenhador empreendeu a árdua caminhada de volta para casa com os três machados às costas, assoviando contente e pensando em todas as coisas boas que eles iriam trazer para sua família.

(Tradução de Ricardo Silveira)

O Sapo e a Cobra

Lenda africana

Esta fábula do folclore africano faz-nos refletir sobre como o mundo seria melhor sem os preconceitos que afastam as pessoas.

Era uma vez um sapinho que encontrou um bicho comprido, fino, brilhante e colorido deitado no caminho.

— Olá! O que você está fazendo estirada na estrada?

— Estou me esquentando aqui no sol. Sou uma cobrinha, e você?

— Um sapo. Vamos brincar?

E eles brincaram a manhã toda no mato.

— Vou ensinar você a pular.

E eles pularam a tarde toda pela estrada.

— Vou ensinar você a subir na árvore se enroscando e deslizando pelo tronco.

E eles subiram.

Ficaram com fome e foram embora, cada um para sua casa, prometendo se encontrar no dia seguinte.

— Obrigada por me ensinar a pular.

— Obrigado por me ensinar a subir na árvore.

Em casa, o sapinho mostrou a mãe que sabia rastejar.

— Quem ensinou isso a você?

— A cobra, minha amiga.

— Você não sabe que a família Cobra não é gente boa? Eles têm veneno. Você está proibido de brincar com cobras. E também de rastejar por aí. Não fica bem.

Em casa, a cobrinha mostrou a mãe que sabia pular.

— Quem ensinou isso a você?

— O sapo, meu amigo.

— Que besteira! Você não sabe que a gente nunca se deu com a família Sapo? Da próxima vez, agarre o sapo e... bom apetite! E pare de pular. Nós, cobras, não fazemos isso.

No dia seguinte, cada um ficou em seu canto.

— Acho que não posso rastejar com você hoje.

A cobrinha olhou, lembrou-se do conselho da mãe e pensou:

"Se ele chegar perto, eu pulo e o devoro."

Mas lembrou-se da alegria da véspera e dos pulos que aprendeu com o sapinho. Suspirou e deslizou para o mato.

Daquele dia em diante, o sapinho e a cobrinha não brincaram mais juntos. Mas ficavam sempre ao sol, pensando no único dia em que foram amigos.

(Tradução de Luiz Raul Machado)

Direção editorial
Daniele Cajueiro

Editora responsável
Ana Carla Sousa

Produção editorial
Adriana Torres
Mariana Bard
Júlia Ribeiro

Revisão
Bárbara Anaissi
Daiane Cardoso

Capa
Victor Burton

Diagramação
Larissa Fernandez Carvalho

Este livro foi impresso em 2023,
pela Coan, para a Nova Fronteira.